普契尼

Puccini

外国音乐欣赏丛书

高士彦／编著

人民音乐出版社·北京

目　录

名作欣赏

一、生平与创作道路

Giacomo Puccini

贾科莫·普契尼

(1858 年生于卢卡，1924 年卒于布鲁塞尔)

音乐世家之子

贾科莫·普契尼于1858年12月22日出生在意大利北部卢卡市的一个音乐世家。像德国的巴赫家族一样，普契尼家族也以音乐为业，世代相传。普契尼的祖父多梅尼科·普契尼以创作歌剧知名，父亲米凯莱·普契尼曾受教于多尼采蒂，他是一位音乐教育家，曾在卢卡市创办一所音乐学校，并写过两部歌剧。母亲阿尔比娜·玛琪-普契尼也出生于音乐家庭。米凯莱·普契尼51岁时因病去世，遗孀阿尔比娜时年33岁，她辛苦抚养6个子女成人，其中排行第五的便是本书主人公——世界知名的意大利歌剧作曲家贾科莫·普契尼。

父亲去世那年，普契尼才6岁。由于自幼便已表现出对音乐的强烈爱好，加上家庭音乐传统的影响，普契尼在母亲的勉励与支持下走上了学习音乐的道路。他在圣米卡埃尔中学接受了初步的音乐教育，同时又随名师卡尔洛·安杰罗尼学习弹奏管风琴和钢琴。14岁时，普契尼进入卢卡市帕契尼音乐专科学校学习。与此同时，他在市内各个教堂中弹奏管风琴，获取一定的收入贴补家用。随着年龄的增长，他的演奏知名度日益提高。此外，他还运用从音乐专科学校里学到的和声与配器知识，尝试写一些宗教音乐和世俗音乐作品。普契尼十分热爱歌剧，但是卢卡市没有歌剧院。普契尼18岁以前，虽然接触过一些名家的歌剧总谱，但却从来没有听过歌剧演出。然而，他热爱歌剧的强烈欲望却与日俱增。1875年，卢卡市附近的比萨市上演威尔第的歌剧名作

《阿依达》，消息传来，普契尼再也坐不住了。18岁的他和同学在烈日下步行去比萨市观看了他生平第一次的歌剧《阿依达》。这番经历多么像约翰·塞巴斯蒂安·巴赫1705年从阿恩施塔特步行去吕贝克聆听著名管风琴家布克斯特胡德演出的情景。《阿依达》给普契尼留下了难忘且深刻的记忆，他从此立下了毕生从事歌剧创作的宏愿。

年轻的普契尼在卢卡学习期间还没有能力创作歌剧。他的初期创作有康塔塔《美丽意大利之子》（1877）、《交响前奏曲》（1878）、《献给圣波林纳的经文歌》（1878）、《A大调弥撒曲》（1880）和若干首管风琴曲。安杰罗尼曾经夸奖过《献给圣波林纳的经文歌》，认为其中有鲜明的戏剧性。多年以后，普契尼曾经回顾自己年轻时代的作品，从中为相应的歌剧乐段吸取素材。譬如《A大调弥撒曲》中的《羔羊经》变成了歌剧《曼侬·莱斯戈》第二幕中的牧歌主题，而同一首弥撒曲中的《荣耀经》则被运用在歌剧《托斯卡》最后一幕的终场之中。

普契尼22岁时从帕契尼音乐专科学校毕业，随即离开卢卡市前往米兰音乐学院就读。母亲在当地艺术庇护人齐拉医生的协助下为普契尼申请到政府助学金，卢卡市的亲友们也提供了一些资助。普契尼在米兰音乐学院潜心进修3年（1880~1883），师从蓬基耶利（威尔第的传人，著名歌剧《歌女焦孔达》的作者）和小提琴家兼音乐理论家巴茨尼等人。他的同窗好友当中有意大利著名作曲家和指挥家马斯卡尼，此人在不久以后便成了普契尼的竞争对手。

普契尼在米兰学习时的生活相当艰苦。微薄的助学金（每月100里拉）要保障自己、胞弟和表弟3人的生活。他在致母亲的信中曾经说过："如果囊中有钱的话，晚间我也会去咖啡馆坐坐。但多数晚间我是不外出的，因为一杯咖啡要付40生丁。"

欧洲歌剧文化的中心——米兰激起了普契尼创作上的强烈欲望，他在这里欣赏了不少国内外的歌剧杰作，比才的《卡门》曾令他赞不绝口。

普契尼在米兰音乐学院学习期间创作了《D大调弦乐四重奏》(1880)、《小柔板》(1883)、《交响随想曲》(1883)等器乐作品，其中《交响随想曲》曾博得舆论界好评。著名音乐评论家菲利比在《奋斗报》上著文说:“《交响随想曲》风格统一、乐思清晰有力、旋律优美、和声独特、配器色彩丰富。足见此曲的作者具备交响乐作曲家少见的音乐才能。”著名指挥家法乔建议普契尼和斯卡拉歌剧院乐队共奏《交响随想曲》。

在一片赞扬声中，独具慧眼的蓬基耶利却洞悉爱徒普契尼的天赋所在，他多次叮嘱普契尼应该矢志于歌剧创作，要认识到创作交响乐并非自己的所长。

CAFE MOMUS

初显身手

1883 年，米兰桑佐尼奥出版社举办独幕歌剧创作比赛。蓬基耶利建议普契尼参赛，他给普契尼找来一位年轻的脚本作者 F. 丰塔纳。F. 丰塔纳提供了取材自德国童话的脚本《群鬼》。剧情十分简单：贫穷的农家姑娘安娜因受到负心郎罗伯特的欺骗而死去。她和其他受骗的姑娘们阴魂不散，化为鬼怪，专门与人间做了亏心事的男子作对。悔恨莫及的罗伯特最终在群鬼的追迫下一命呜呼。过分单调的情节未能给作曲者提供更多的发挥余地，但时间紧迫，普契尼不得不立即着手作曲。他回到卢卡市，在母亲的照料下全身心地投入创作，于比赛投稿截止日期的前夕方告完成。

歌剧《群鬼》在竞赛中落选。当时的中选人之一、作曲家朱埃里承认自己的作品不如《群鬼》，他还透露内幕说，普契尼的歌剧总谱因难以辨认（可能是写得太匆忙的缘故）而被评委们搁置一旁，未予理会。然而，命运之神很快就向普契尼露出了笑容。一天，普契尼在米兰著名艺术庇护人马尔科·萨拉家中弹奏全本歌剧《群鬼》，在座的有当时负有盛名的意大利诗人和作曲家博依托。博依托在欣赏之后向普契尼伸出了友谊之手。以博依托的交游之广，歌剧《群鬼》很快就获得了在米兰上演的机会。演出的资金全部由普契尼的友人及众多音乐爱好者提供。时年25岁的普契尼在《群鬼》首演的当晚给母亲发出报喜的电报说："剧院满座，演出大获成功。"事后他又描述当时个人的经济情况说："我去剧院时身上只有40生丁[①]。这是我仅有的现款……几天过后，里科尔第获得《群鬼》的出版权，付给了我1000里拉。”

舆论界认为《群鬼》的作曲者颇有幻想力，曲调动人。威尔第在致出版家朱里奥·里科尔第信中说道:“普契尼的音乐中有好多动听之处……交响乐的成分似乎多了一些。这没有什么不好，但对此要谨慎从事。歌剧是歌剧，交响乐是交响乐。歌剧里不应该为了折腾一下乐队而写上一些交响乐段落。”显然，威尔第所指的是描写精灵夜晚出现的交响乐段落。然而，在该剧的抒情场面，特别是安娜的唱段中，普契尼的旋律风格与特色已经有所显露。

在里科尔第的建议下，普契尼很快就将《群鬼》改写成两幕剧。修订版《群鬼》在都灵和那不勒斯先后上演，虽然褒贬不一，但终于让普契尼在音乐界崭露头角。尤为重要的是，普契尼通

① 生丁，是指法国的辅币。

过他的歌剧处女作，得以和出版家里科尔第建立长期的业务联系。知人善任的著名出版家里科尔第向普契尼提供经济资助：出版《群鬼》的钢琴缩编谱，并以每月付酬300里拉的方式预约普契尼创作第二部歌剧。

《群鬼》和普契尼的第二部歌剧《埃德加》问世之间相隔5年，其间母亲的去世令普契尼深感悲痛。他在写给姐姐的信中说道："我对母亲念念不忘。昨晚我梦见了她，故而更加伤感。我将来在艺术上的成就不管怎样大，也不会让我高兴异常了。我亲爱的母亲离我远去了。"

第二部歌剧《埃德加》仍由F. 丰塔纳创作脚本。改编脚本所依据的是缪塞的诗本剧作《酒杯和双唇》。在真实主义[①]文艺思潮兴起之际，描述中世纪佛来米人爱情故事的浪漫派题材不免令

---

① 19世纪末意大利文学（维尔加、卡普安纳、黛莱达）、歌剧（马斯卡尼、列昂卡瓦洛、普契尼）和造型艺术（凡拉、彼利查）的现实主义流派。真实主义与自然主义相近，以描述平民生活为主，重视人物的内心感受。作品显示出尖锐的戏剧冲突和强烈的感情色彩。

人有过分抽象和虚幻之感，舞台上所见的是情欲、妒杀和流血牺牲。像瓦格纳笔下的唐豪舍一样，骑士埃德加在圣洁的爱情和罪恶的情欲之间摇摆不定。吉卜赛女郎蒂格拉娜妒火中烧，杀死菲德莉亚。埃德加悲痛欲绝。F. 丰塔纳在《埃德加》中依然运用威尔第之前的剧情处理手法。《埃德加》于 1889 年 4 月 21 日在米兰斯卡拉歌剧院初演，老一套的脚本虽然反应不佳，但普契尼在歌剧的若干场次，如“蒂格拉娜诱惑埃德加”，“菲德莉亚诀别歌”，第三幕的“丧葬音乐”等中充分显示出自己的身手，合唱背景和戏剧性独唱之间的尖锐矛盾尤为突出。同一手法后来在《托斯卡》第一幕中曾再度显示效果。

《埃德加》于 1892 年曾在西班牙马德里皇家剧院上演。多年以后，《埃德加》修订版（压缩成三幕）曾在布宜诺斯艾利斯歌剧院演出，由著名指挥家托斯卡尼尼指挥。

成功之路

普契尼在《群鬼》和《埃德加》中初显身手以后，深知选择脚本之重要。他决心为自己的歌剧新作寻求合适的脚本。法国著名剧作家维克多·萨尔杜的作品《托斯卡》一度引起普契尼的注意。普契尼在看了《托斯卡》的演出后，立即写信要求里科尔第设法获得将该剧改编成歌剧的版权。但这一计划的实现却是十年以后的事。普契尼的另一打算——创作一部喜歌剧，当时也未能成功。普契尼最终决定借法国作家普列沃的小

说《曼侬·莱斯戈》再显身手。这部名著当时已经有奥贝尔和马斯内的两版歌剧改编本，但普契尼知难而上。参与此次《曼侬·莱斯戈》脚本创作的有普契尼及奥里瓦、伊利卡、贾科扎等人，出版家里科尔第也曾助上一臂之力。

普列沃的原著情节经改编后减缩了不少，但思想主旨保持不变。穷学生德·格里厄和奉父命即将进入修道院的美貌姑娘曼侬·莱斯戈相遇，两情相悦，私奔巴黎。富商杰蒙特觊觎曼侬·莱斯戈的美色，设下狡计。曼侬·莱斯戈之兄在杰蒙特的重贿下，诱使其妹移情别恋，投入富商的怀抱。但金钱并不能带来幸福。曼侬·莱斯戈终因旧情难忘，与德·格里厄重新言归于好。恼怒的杰蒙特依仗财势，诬告曼侬·莱斯戈盗窃。曼侬·莱斯戈被判处流放美洲。囚船离港之日，德·格里厄冒险登船，发誓万里相随，与爱人同生死、共命运。在美洲的新奥尔良，德·格里厄和曼侬·莱斯戈虽然逃离流放营，获得宝贵的自由，但误入荒原地带，滴水难寻。曼侬·莱斯戈濒临死亡。

她再一次地回想自己短暂一生的遭遇。德·格里厄矢志不渝的深情是她唯一的欢乐。最后，曼侬·莱斯戈安静地在爱人的怀抱中合上了双眼。

与奥贝尔和马斯内的《曼侬·莱斯戈》相比，普契尼的歌剧更着重人物性格的刻画。短歌、宣叙调和交响乐段落交替出现。意境的渲染简洁且真切动人。第一幕中谐谑曲风格的乐段重现了省城旅馆前的喧闹气氛：

谱例 1

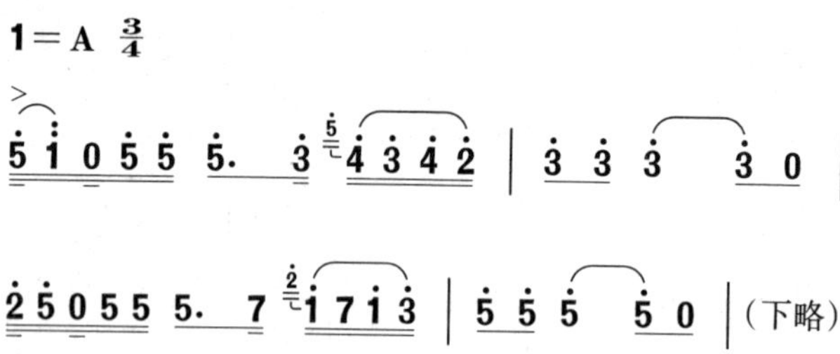

普契尼独特的旋律风格与现代意大利生活风俗性歌曲具有紧密联系，这在《曼侬·莱斯戈》中得到了充分的表露。普契尼在《曼侬·莱斯戈》中着重运用贯穿性的音乐主题，其中爱情主题在曼

依·莱斯戈和德·格里厄的第一幕抒情场面中首先出现。乐队奏出的如歌旋律带有浓厚的感伤气息：

谱例 2

（下略）

爱情主题随后不断发展，每次都改换其性质。它在第二幕中，时而是绝望的祈求，时而是热情的召唤。音乐评论家爵万尼·保查称《曼侬·莱斯戈》为“激情歌剧，其中渲染着人间永恒的爱与死的主题”。

《曼侬·莱斯戈》第四幕在刻画抒情意境方面尤为突出。曼侬·莱斯戈以独白形式出现的咏叹调是第四幕的中心。独白从哀怨转为激情的生之呼唤，充分表露了人物内心感受的变化：

谱例 3

1＝G $\frac{2}{4}$

3 | 6 – | 5 – | 3 3 0 3 | 5 4 | 2 2（下略）

《曼侬·莱斯戈》于 1893 年 2 月 1 日在都灵皇家剧院初次上演，盛况空前。普契尼多次登台谢幕。各界好评如潮。

从《曼侬·莱斯戈》开始，普契尼进入了创作成熟时期，确立了自己在国内外的声誉。都灵演出后一年，《曼侬·莱斯戈》在伦敦科文特花园剧场上演。萧伯纳把普契尼称作“威尔第创作传统的直接继承者”。事隔一年后，曾在都灵演出《曼侬·莱斯戈》的原班人马又在莫斯科演出，轰动一时。尤根松出版社出版了《曼侬·莱斯戈》俄文版钢琴缩编谱。

二、主要作品简介

繁荣时期

普契尼成为意大利音乐界的名人。米兰音乐学院和威尼斯音乐学院的聘约相继送来，但均被普契尼谢绝。他宁愿回到意大利北部小城维阿列召近郊的拉谷村安度他的乡间生活。在多年以前，普契尼与埃尔薇拉·彭杜利相结识。彭杜利的聪颖和对艺术的理解令普契尼一见倾心，而后他们在拉谷筑起了爱巢。在彭杜利的襄助下，普契尼进入了创作的繁荣时期。

从《曼侬·莱斯戈》到《蝴蝶夫人》(1893~

1904)，是普契尼歌剧创作上多产的十年。他驰誉世界乐坛的三大名作《艺术家生涯》《托斯卡》《蝴蝶夫人》正是创作于这一时期。

《艺术家生涯》

普契尼曾经说过，生活和创作在他看来是同一个字眼。在一件作品即将完成之际，他已经在构思另一件新作，这已成了他的习惯。

普契尼最初打算写一部有关佛教徒的歌剧，随后又被维尔格的小说《母狼》的题材所吸引。但两项计划最终被先后放弃。经过多方探索，普契尼选定法国作家米尔热的小说《波希米亚人》作为歌剧题材。“波希米亚人”是欧洲人对当时一些生活不拘形迹、放荡不羁的艺术家的别称。

普契尼的歌剧取名《波希米亚人》，又称《艺术家生涯》。米尔热于 1848 年写成的这部小说带有自传的性质。米尔热是一名经历过种种坎坷而见闻颇广的记者，故而他能真切地反映当时社会中贫穷艺术家的生活遭遇。普契尼之所以选择这一题材，显然因为他自己也有一段与此相似的生活经历。在写作脚本时，普契尼自由处理小说的情节结构，经常将几个人物特征加在某个人物的身上。脚本写作持续了两年之久。参与其事的有普契尼本人和他的朋友们伊利卡、贾科扎，以及出版家里科尔第也提出若干建议。

刻画歌剧中主要人物性格的音乐主题在第一幕中几乎已经全部显示出来。幕启前传出了管弦乐引子，它是一个节奏分明的动机。激动不安的主题刻画了歌剧《艺术家生涯》中四位朋友不同的人物性格：

谱例 4

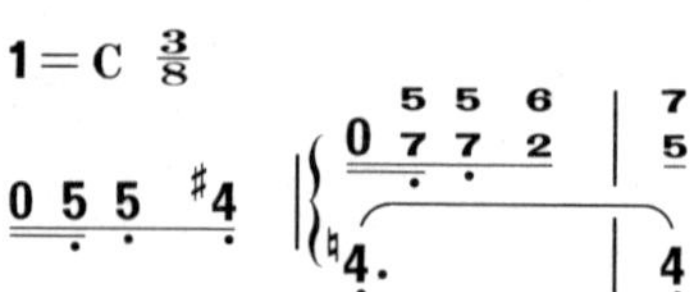

（下略）

寒冷的冬日。公寓顶楼中，身无分文的画家马尔赛和诗人鲁道夫在挨冻。马尔赛的画作无人问津，鲁道夫的诗作乏人欣赏。眼看着窗外众多人家的烟囱都已点燃，而他们却没有钱买柴点火。鲁道夫打算将诗稿投入炉中，他的自嘲口吻的动人唱段显示了这位年轻诗人耽于幻想的性格：

谱例 5

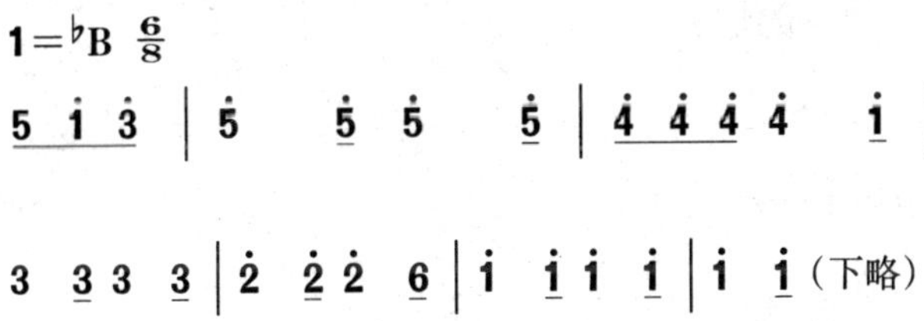

门开了，先后进来了哲学家雅克·克莱恩和作曲家肖纳尔。后者给大家带来了喜讯，他筹到了一些钱，如今可以取暖和买些食物了。乐队中传出欢快的舞曲音乐，这是每当朋友们聚会时都会出现的主题：

谱例 6

1＝D $\frac{6}{8}$

$\dot{1}$. 7 5 7 | 6. 6 3 | ^{5}4 0 3 2 0 1 | 5 - - （下略）

朋友们准备去饭馆饱餐一顿，但鲁道夫因诗稿尚未写完，要求迟走一步。三位朋友下楼后，邻居家的姑娘咪咪走进房间向鲁道夫借火柴点蜡烛。乐队传出咪咪的主题，刻画了歌剧女主角温婉动人的形象：

谱例 7

（下略）

咪咪点燃蜡烛后离去，但因丢了房门钥匙又回来寻找。这时恰巧一阵风吹灭了鲁道夫和咪咪手中的烛火。鲁道夫在黑暗中摸到了钥匙，但没有声张。两人继续寻找，鲁道夫触到了咪咪冻得冰冷的手。接着便是两人互诉身世的唱段《我是个诗人》和《我的名字叫咪咪》：

谱例 8

1＝♭A $\frac{4}{4}$

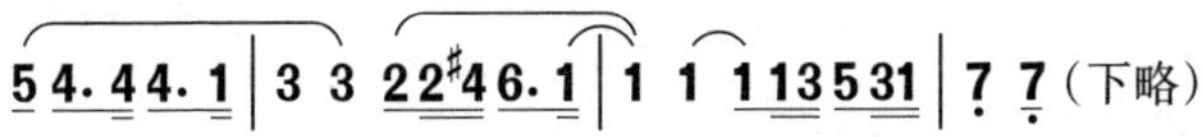

谱例 9

1＝D $\frac{2}{4}$

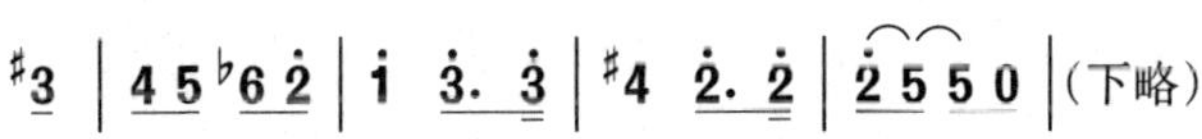

第二幕以描述马尔赛和缪塞塔之间的感情纠葛为主，可以说是歌剧欢快的间奏曲。贪色的阿尔辛道尔未能得逞。缪塞塔与画家言归于好。缪塞塔充满激动的自白是第二幕中最主要的唱段：

谱例 10

1＝E $\frac{3}{4}$

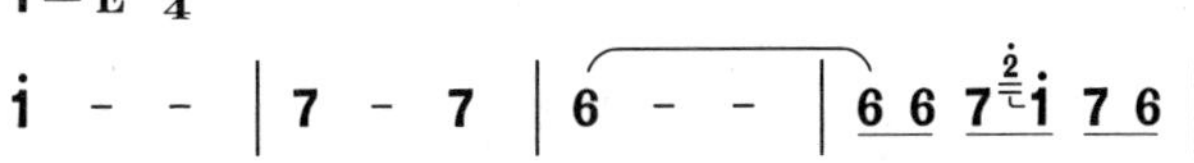

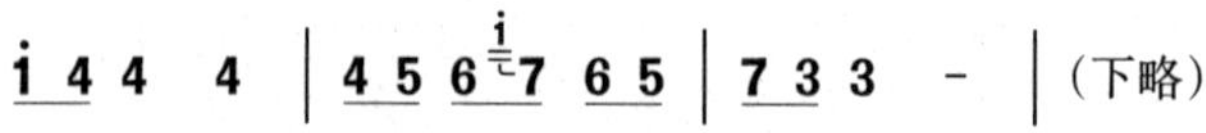

歌剧的悲惨结局在第三幕中已经显示。鲁道夫和咪咪的共同生活并不像他们预期的那样幸福。咪咪的《告别歌》预示他们终将离别：

谱例 11

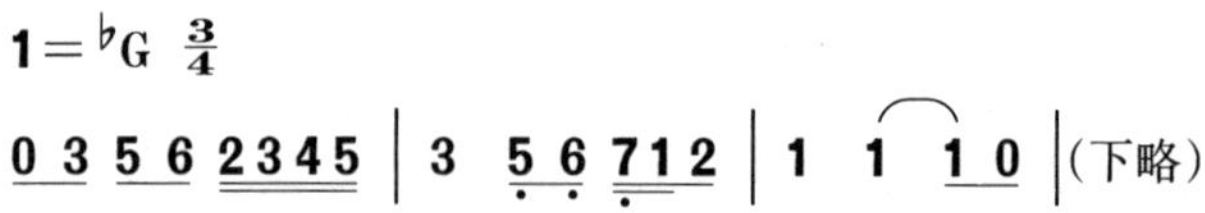

第四幕开始时和第一幕场景相同，传来同样的管弦乐引子。鲁道夫思念着咪咪。突然间鼓声响起，缪塞塔奔进屋来，说她已经将咪咪接来，但咪咪已经无力爬上顶楼。鲁道夫和马尔赛飞奔下楼，将咪咪扶上楼来。在一对情人生离死别之际，乐队传出了极度哀伤的旋律：

谱例 12

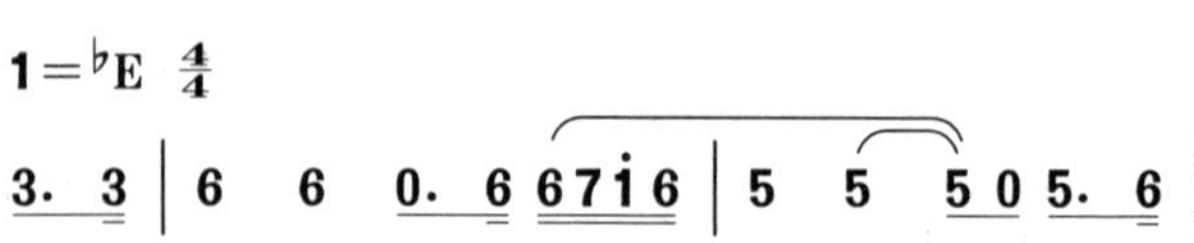

4　4 3 2 3 4 5 | 3　3　3（下略）

歌剧《艺术家生涯》于1895年11月完成，预定1896年2月1日上演。在都灵剧院进行排练时气氛不够热烈，各方对该剧演出的前景预计不佳，普契尼本人也深感压力甚大。但出乎众人意料的是《艺术家生涯》首演之日反应良好，指挥该剧演出的托斯卡尼尼对该剧评价甚高。《艺术家生涯》在都灵连续演出24场后，又在罗马和巴勒莫等地演出。《艺术家生涯》随后走出国门，在布达佩斯、布宜诺斯艾利斯、莫斯科、曼彻斯特、维也纳、伦敦、巴黎、柏林和巴塞罗那等名城上演，盛况经久不衰。

《托斯卡》

当《艺术家生涯》在国内外上演不辍时，普契尼又有了新的歌剧创作设想。早在之前就已酝酿创作的歌剧《托斯卡》终于再度提上日程。普契尼偕同妻子前往佛罗伦萨再次观看了法国剧作家萨尔杜的名作《托斯卡》的演出。当时作曲家弗朗凯蒂已经打算将该剧改编为歌剧，脚本已着手编写。出版家里科尔第应普契尼之请，说服弗朗凯蒂放弃改编计划。1896 年初，普契尼开始接手这项工作。他再次与伊利卡和贾科扎合作编写脚本。普契尼坚决主张脚本要对原作进行浓缩。

与《曼侬·莱斯戈》和《艺术家生涯》的作者已经故世多年的情况有所不同,《托斯卡》的作者依然健在。普契尼为压缩原作不得不征询萨尔杜的意见。

普契尼乘赴巴黎出席《艺术家生涯》排练之便访问了萨尔杜，并给萨尔杜弹奏了他以往的一些歌剧片段，但对已经写成的《托斯卡》的一些乐段却秘而不宣。萨尔杜除毫不客气地提出版税要求(从普契尼未来的版税收入中抽取15%)外，还要求参与脚本的编写工作。普契尼经过多番交涉，终于使萨尔杜同意将原来的五幕压缩成三幕。

《托斯卡》的剧情发生在1800年的罗马。画家卡瓦拉多西帮助越狱的共和党人安杰洛提逃避追缉。警察总监斯卡尔皮亚男爵追踪而至。卡瓦拉多西涉嫌难逃。斯卡尔皮亚利用画家的女友——歌手托斯卡的妒忌心理，探听到这对情人的会晤地点，而这也正是安杰洛提的藏身之所。但搜索并无结果。警察总监逮捕卡瓦拉多西，并用重刑逼供。卡瓦拉多西面临死刑的威胁坚不吐实。斯卡尔皮亚再度利用托斯卡不忍情人受刑的心理，套出安杰洛提藏身井下的秘密。安杰洛提自杀身亡。警察总监觊觎托斯卡的美色已久，他乘机要求托斯卡以献身作为代价，换取男友的生命。可他又说表面上死刑必须执行，但射发的是无子弹的空枪，卡瓦拉多西可以佯装倒地，保全生命。托斯卡救人心切，被迫同意斯卡尔皮亚的条件，但她要求警察总监签发两份离境护照，以便事后与卡瓦拉多西双双出国。警察总监假惺惺地表示欣然同意。他当着托斯卡的面向警官发出了用空枪执行死刑的命令，但暗地里用眼神示意，警官心领神会而去。就在斯卡尔皮亚坐下签发护照之际，托斯卡悄悄地执刀在手。斯卡尔皮亚签字后企图拥抱托斯卡，托斯卡勇敢地将刀子刺进恶棍的胸膛，斯卡尔皮亚倒地毙命。托斯卡随即手执护照来到牢房，告诉卡瓦拉多西一切已经就绪。他只要经过一场虚假执行的死刑后，双双便可以远走高飞。但卡瓦拉多西最终却倒在真枪实弹的射击之下。此时发现斯卡尔皮亚被刺的众警察齐来追捕托斯卡。目睹卡瓦拉多西已经牺牲，悲痛欲绝的托斯卡纵身跳下高塔。

《托斯卡》的音乐创作进行得比较顺利。总谱于 1898 年 6 月至 1899 年 9 月期间完成。普契尼的音乐使萨尔杜剧中的传奇性人物栩栩如生。热情奔放、坚贞不屈的托斯卡；善良、勇敢的卡瓦拉多西；阴险毒辣的斯卡尔皮亚，三个正反面人物形象被塑造的有血有肉。此外，像以往的普契尼歌剧一样，《托斯卡》中也广泛运用了主导主题。简短的引子带来两个主导动机，它们体现了相互较量的双方。继描绘斯卡尔皮亚阴郁形象的沉重和弦之后，安杰洛提的音乐主题脱颖而出：

谱例 13

安杰洛提的主题和卡瓦拉多西的形象具有直接联系，它在整个歌剧中几度出现，预示危机的到来。

普契尼歌剧最出色的唱段中有托斯卡在第一幕中的降 G 大调咏叹调和卡瓦拉多西在第三幕中所唱的 b 小调咏叹调：

谱例 14

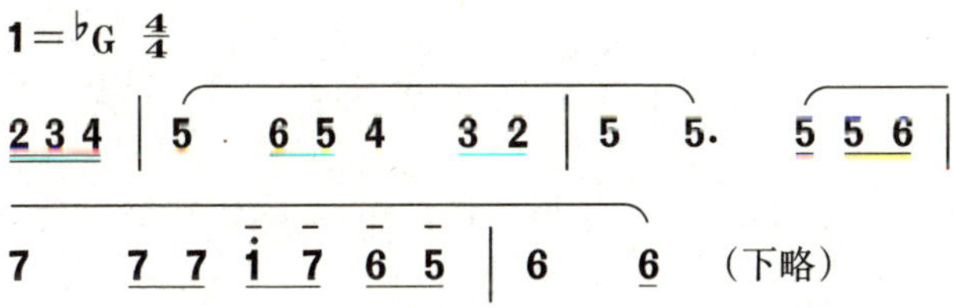

谱例 15

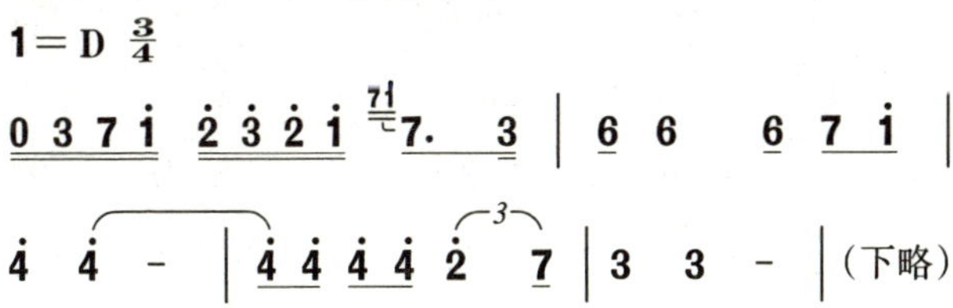

第二幕中斯卡尔皮亚和托斯卡的对手戏体现了歌剧的高度创作技巧：

谱例 16

1＝♭G $\frac{3}{4}$

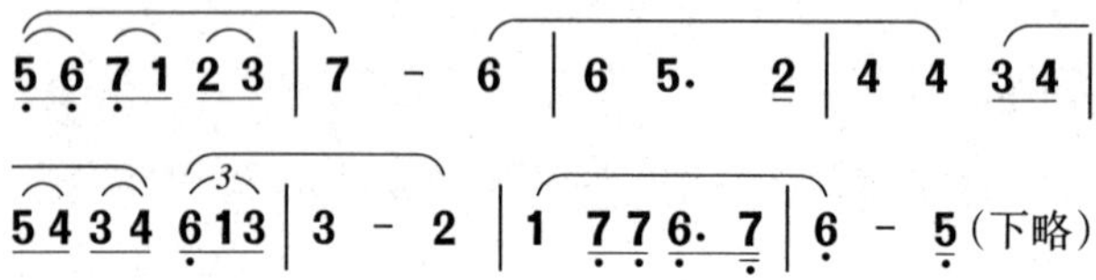

谱例 17

1＝♭G $\frac{2}{4}$

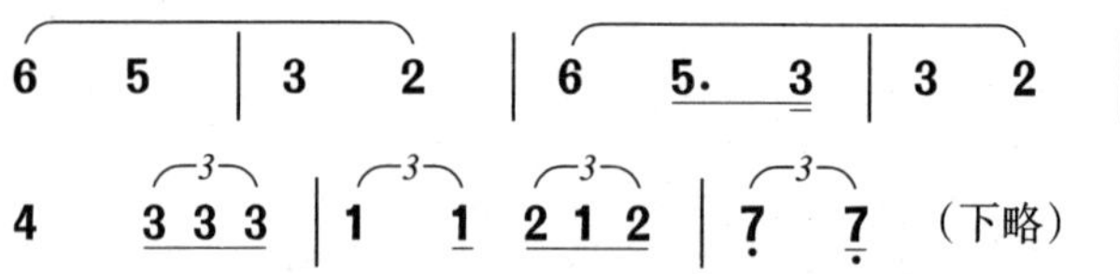

《托斯卡》于 1900 年 1 月 14 日在罗马首演，观众反应热烈。同年，《托斯卡》在伦敦上演，两年后又在圣彼得堡上演。1905 年俄国革命期间，《托斯卡》在圣彼得堡曾遭禁演。原因不言而喻：血腥的拷问和屠杀当然会引起人们对现实的联想。当代的某些评论家曾经认为，《托斯卡》的轰动一时主要是剧情激动人心，而不在于音乐感人。但随着《托斯卡》在国内外的频频上演，剧中一些著名唱段脍炙人口，足以说明上述论断的偏颇。

《蝴蝶夫人》

《艺术家生涯》和《托斯卡》的成功奠定了普契尼在欧洲歌剧创作界的地位。1901 年威尔第去世后，普契尼成为意大利歌剧作曲家中的第一人，原先的竞争者马斯卡尼和列昂卡瓦洛已经难以望其项背。往日的米兰穷书生已成为富人，高额的版税收入使普契尼能够又在基阿特罗购下一座别墅。但是，乐善好施的他还是会经常周济其他人。

普契尼经常赴国外出席他的歌剧排练和首演。

法、英、德、奥等国的歌剧界都热烈欢迎他的到来。出游开阔了普契尼的眼界，激励他投入新的歌剧创作。普契尼最初对但丁《天堂喜剧》的题材甚感兴趣，但在伦敦看了美国剧作家达维德·贝拉斯科的剧作《艺妓》演出后，年轻的日本艺妓的悲惨命运立即吸引了普契尼，他决定用这个题材来写他的下一部歌剧。普契尼再度与伊利卡和贾科扎合作编写剧本。他们很快就把贝拉斯科的传奇剧改编成两幕歌剧《蝴蝶夫人》。普契尼对巧巧桑这一人物形象的喜爱甚至超过他对曼侬·莱斯戈和咪咪的关注。

作曲家的任务十分复杂，首先要显示与东方音乐有关的异国风光。剧情发生在日本的长崎市郊，需要借日本民族音乐的色彩来加强人物性格刻画的可信程度。普契尼细致研究了日本民间音乐，据说曾聆听了上百张唱片。在歌剧《蝴蝶夫人》的配器中响亮的音色和打击乐器的运用，反映了日本民间音乐的特色。歌剧中还运用了典型的日本曲调。

《蝴蝶夫人》的创作为时甚久，因为普契尼需要经常赴国内外各地安排他的歌剧排练和演出。这时他又添上了一种新的爱好：驾驶汽车。1903年2月，普契尼在工作正忙时驾车遭遇车祸，腿部骨折。普契尼像舒曼、瓦格纳和普罗科菲耶夫一样，是所谓的“钢琴作曲家”，也就是习惯于在钢琴旁作曲，而不是经常伏案作曲的作曲家。他卧床休养8个月期间，工作陷于停滞，直等到医生允许他拄拐杖行动时，普契尼方能再度投入工作。

总谱于1903年末完成。1904年2月17日，《蝴蝶夫人》在米兰歌剧院上演，反应平平。继《托斯卡》奇情剧题材后，抒情剧《蝴蝶夫人》似乎令米兰观众感到有些不够刺激。其实主要原因在于两幕歌剧拖得太长，米兰观众很不习惯。普契尼当即将第二幕改为两场。同年5月，修订版《蝴蝶夫人》上演，反应立刻改观。从此，该剧在意大利和欧美各大城市盛演不衰。

与《托斯卡》戏剧效果的复杂程度相比，《蝴蝶夫人》情节比较简单，这意味着普契尼又回到了他喜爱的抒情性室内乐的歌剧范畴之中。

《蝴蝶夫人》第一幕表现年轻的日本艺妓巧巧桑和美国海军军官平克尔顿的婚礼场面。歌剧在日本曲调的序奏中开始：

谱例 18

1＝♭E $\frac{2}{4}$

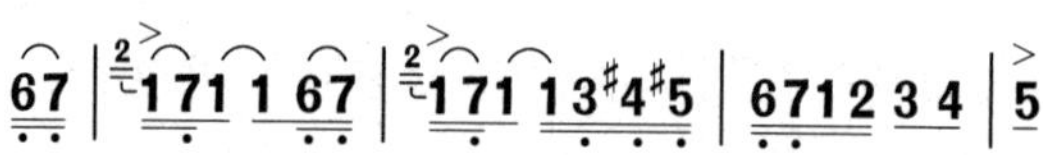

（下略）

它听来像是一种警示。接着巧巧桑出场。音乐的性质立即变换。她向女友们唱起了歌颂春天和爱情的歌：

谱例 19

1＝C $\frac{4}{4}$

（下略）

随后巧巧桑叙述自己身世的咏叹调异常感人：

谱例 20

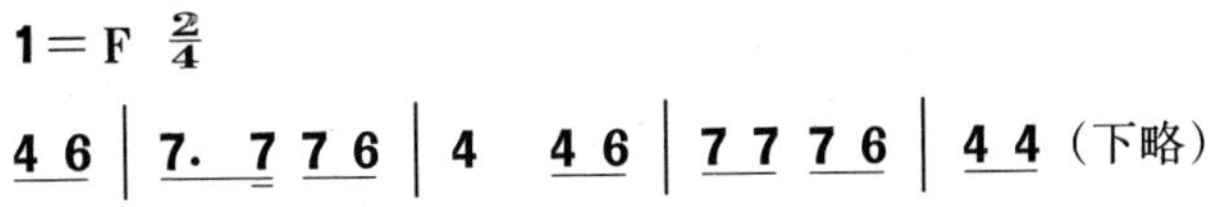

在回忆父亲用军刀剖腹自杀的经过时，乐队中出现了阴郁的主题：

谱例 21

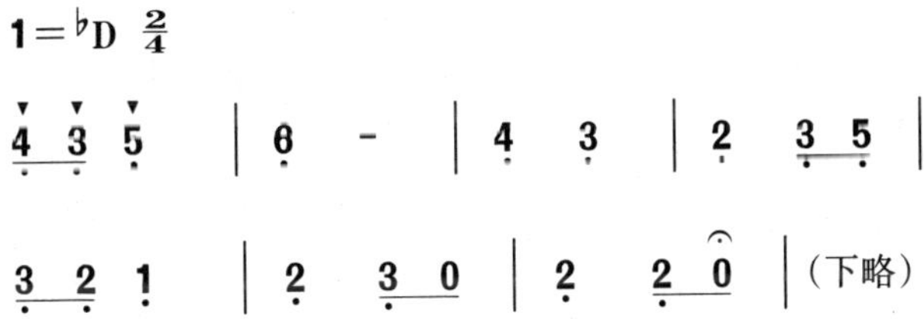

婚礼进行中，庞佐和尚指责巧巧桑放弃自己的信仰而改为基督教。此时乐队中传出了诅咒的动机：

谱例 22

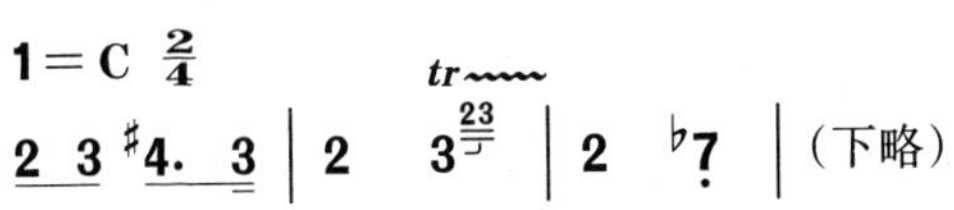

恼怒的平克尔顿逐走了庞佐和尚。第一幕以巧巧桑和平克尔顿两情相悦的抒情场面告终。

第二幕第一场，时隔三年后，巧巧桑在痴心等待平克尔顿归来。平克尔顿约定一年的归期早已超过，但巧巧桑相信丈夫绝不会失信于她，甚至连美国领事带来的平克尔顿显然有背弃之意的信件也没有使她灰心。她的咏叹调表明了她矢志不移的守候：

谱例 23

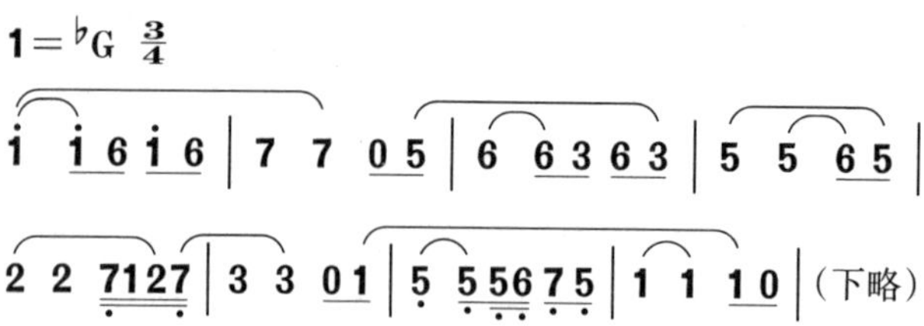

第二幕第二场，平克尔顿终于回来了。他携着新娶的妻子来到了长崎。巧巧桑带着她的儿子和忠实的女仆准备迎接丈夫，但她见到的却是平克尔顿的妻子凯特。凯特是来要求领走巧巧桑的孩子的。巧巧桑如梦方醒。在与世诀别的咏叹调中，巧巧桑用她父亲留下的军刀自杀身亡：

谱例 24

1＝D $\frac{2}{4}$

0 7 7. 6 | 4 4. 3 | 4. 3 #4. 3 | 1 1 |（下略）

《蝴蝶夫人》的剧中事件比《艺术家生涯》还要简化，既没有附加的戏剧线索（如《艺术家生涯》中缪塞塔和马尔赛之间的感情纠葛），又没有强烈对比的贯穿动作（如《托斯卡》中斯卡尔皮亚的恶毒形象），一切都集中于表现巧巧桑遭遗弃的悲惨命运。相形之下，剧中其他角色的性格刻画则不够鲜明。平克尔顿唱起了他《留恋可爱的家》的咏叹调。这一反面人物的形象显然有美化之嫌：

谱例 25

1＝♭D $\frac{3}{4}$

5 | 1̇ 1̇ 2̇ 7 5 | 6 – 7. 2̇ | 3̇ 3̇ 2̇. 7 | 5̇ – – |（下略）

《蝴蝶夫人》是普契尼笔下的一部新型的歌剧。作曲家的注意力集中于女主角一身。业内人士曾经把这部歌剧称作“独角戏”式的歌剧。

不断探索

20世纪初，意大利国内社会矛盾日益激化，第一次世界大战前夕欧洲战云密布。当代意大利歌剧界泰斗普契尼如何面对现实呢？人们看到的却是他长达十几年的创作沉寂期，这充分说明了他和敢于反映现实的威尔第的不同之处。其间，他虽然进行过多种题材的尝试，但成就不大。也许，他频繁地出国访问，以及一段时间内与彭杜利的感情破裂，对他的创作也有一定影响。

从1904年《蝴蝶夫人》问世，到1918年三联剧《外套》《修女安杰丽卡》《贾尼·斯基基》问世期间，普契尼只写出了两部歌剧:《西部女郎》和《燕子》，其质量与他的名作相比也显然较为逊色。

1907年初，普契尼赴美国出席《蝴蝶夫人》在纽约大都会歌剧院的首演仪式。这次旅行对他的创作想象力起了一定的激励作用。意大利音乐界当时与美洲接触频繁，一些著名意大利歌唱家、指挥家、演奏家纷纷越洋远赴美洲各国演出。纽约大都会歌剧院当时成了米兰斯卡拉歌剧院的一种特殊形式的分院，除卡鲁索、里娜·卡瓦列耶里、托斯卡尼尼的歌唱与指挥艺术外，普契尼的歌剧作品也盛行于美国。普契尼的第七部歌剧《西部女郎》就是应美国剧院之邀而创作的一部纯美国题材的歌剧。

普契尼的美国之行轰动一时。在普契尼乘远洋轮船往返旅美期间，有众多记者随行。其中，报道过普契尼向记者们谈到唱片的流行，必将对音乐的传播起到巨大作用；还报道过美国的某位富豪以重金征购普契尼手稿的经过；此外，还报道过普契尼和托马斯·爱迪生相结识。伟大的发明家十分推崇普契尼的音乐，他在一张赠送给普契尼的照片的背面写上了意味深长的题词："人是会死的，政权也是会更替的，但《艺术家生涯》的旋律将永存人间。"

《西部女郎》与《燕子》

歌剧《蝴蝶夫人》于1907年2月11日在大都会歌剧院首演。法拉尔和卡鲁索的演唱令普契尼十分满意。由卡瓦列耶里、卡鲁索、斯科蒂领衔演出的歌剧《曼侬·莱斯戈》也给普契尼留下了深刻印象。一次偶然的机会令普契尼看到了大卫·贝拉斯科的剧作《西部女郎》的演出。歌剧《蝴蝶夫人》原来就是根据贝拉斯科的同名剧作改编的。《西部女郎》的情节和人物性格刻画令普契尼十分动心。剧作描绘美国加利福尼亚州淘金者的生活。幕启处，众多淘金者聚集在一座酒馆中畅饮。女店主明妮的美色令众人动心。当地的警官兰斯向明妮求爱遭拒。明妮钟情于一位外来客约翰逊，她和约翰逊定下了约会时间。这时兰斯率领众淘金者出发追捕强盗拉米列茨。不久后，兰斯回到酒馆，他向明妮揭露约翰逊和拉米列茨原本就是同一人。明妮了解约翰逊的真面目后打算和对方断交。但当约翰逊中枪受伤走投无路时，明妮又将他藏身于顶楼。血迹使兰斯追踪而至，约翰逊被捕。明妮用和兰斯赌牌之计赢得了约翰逊的生命。原来双方言明：如明妮输牌，约翰逊由兰斯带走，而且明妮允嫁兰斯；如赢牌，则约翰逊获得自由。但兰斯失言毁约，他将约翰逊交给众淘金者处置。众淘金者决定处死约翰逊。约翰逊对抢劫罪行表示悔意。他提出了自己的唯一要求：不要让明妮知道他已被处死。此时明妮闻讯赶到。众淘金者在明妮的诉说下，同意释放约翰逊。一对有情人从此走向新的生活。歌剧脚本由圭尔夫·奇维尼尼和卡洛·赞加里尼合编，音乐创作耗时三年。虽然剧中运用了一些印第安和美国的民间音乐，但仍以意大利音乐为主。情节处理方面和《托斯卡》有雷同之处。警官类似斯卡尔皮亚，明妮和约翰逊类似托斯卡和卡瓦拉多西。但《西部女郎》是以大团圆结局。第三幕中约翰逊面对众淘金者唱出的咏叹调类似卡瓦拉多西临终前的咏叹调，以及《蝴蝶夫人》中巧巧桑的咏叹调：

谱例 26

1＝♭G $\frac{4}{4}$

1 123 3 | 43215 5 | 1̇ 67756 | 65345 5 |（下略）

歌剧中的风俗性场面运用了真正的美国民间音乐曲调，其中有黑人雷格泰姆音乐节奏及抒情的印第安曲调：

谱例 27

1＝C $\frac{4}{4}$

066. 76 5 | 65. 5. 67 5 | 65. 5. 65 – |（下略）

谱例 28

1＝D $\frac{4}{4}$

56 | 1̇7755 56 | 633 - 3. 2 | 3 3 -（下略）

可见，普契尼和德沃夏克一样，是欧洲音乐家当中最早对美国民间音乐的清新气息和节奏特色产生深刻印象的。

歌剧《西部女郎》于 1910 年 12 月 10 日在纽约大都会歌剧院首演，普契尼为此专程第二次来到美国。《西部女郎》是普契尼应美国人之约创作的歌剧，这令美国人产生了自豪感。商业上的种种炒作也有利于演出的成功，演出前 8 个月就开始大做广告，戏票预售一空，黑市票价高达三四倍。报界认为演出盛况甚至超过了总统换届选举。

卡鲁索、阿玛托等一流歌唱家的加盟演出令普契尼异常满意，托斯卡尼尼的卓越指挥更是锦上添花。《西部女郎》在大都会歌剧院演出 9 场后，移到芝加哥、波士顿演出，然后又在意大利，以及欧洲各大城市先后上演。但令人不解的是，包括意大利本土在内,《西部女郎》在各地的再次上演率很低，它没有能够像《艺术家生涯》《托斯卡》和《蝴蝶夫人》那样成为保留剧目。

《西部女郎》问世后，普契尼处于创作的低潮时期。他虽然继续寻找新题材，但始终未能找到。这段时间里，他的几位好友，如出版家朱利奥·里科尔第和脚本作者贾科扎等人，都先后故世，在此之后与普契尼合作的脚本作者是青年剧作家朱塞佩·阿达米。1913 年，普契尼和阿达米曾经对法国剧作家戈尔德的剧作《外套》颇感兴趣,他们决定将《外套》作为三联独幕剧之一，改编成歌剧，并为此继续寻找其他两个剧本。

1914 年，第一次世界大战爆发。普契尼因战事而出国受阻，幼子参军也常令他牵挂在心。他的三联独幕剧创作计划受到一定的影响，但他此时想起了一家奥地利出版社曾在战前向他提出过喜歌剧《燕子》(脚本作者为奥地利人维尔涅和拉依赫特)的创作计划。普契尼的作品经常在奥地利上演，战前不久，普契尼还曾荣获奥地利弗朗茨-约塞夫皇帝勋章。半个世纪前，在意大利被奥地利占领期间，类似的授勋举动定会遭到意大利爱国知识分子的非议。但时过境迁，对奥地利的敌意已经不复存在。然而，奥地利和意大利在第一次世界大战中处于两个敌对的阵营，仇视奥地利的呼声不免在意大利舆论界再度掀起。此时此刻，普契尼用奥地利人所写的脚本创作歌剧，当然会在国内引起反感，但普契尼照样接受了奥地利出版社的约请。《燕子》的抒情和生活风俗性题材激发了普契尼的创作幻想，意大利文脚本由阿达米根据原脚本改写。三幕喜歌剧《燕子》于 1916 至 1917 年演出季前完成，1917 年 3 月 27 日在“中立王国”摩纳哥的首都——著名旅游城市蒙特卡洛首演。著名歌剧作曲家普契尼在沉默了七年之后又有新作问世，引起各方面的关注。包括斯基帕在内的一些著名歌唱家参与演唱。演出效果颇佳，但意大利和法国舆论界对普契尼根据奥地利剧作家提供的题材写歌剧一事极为不满。其实，普契尼此举的原因有：其一，出版家朱利奥·里科尔第去世后，其子季托·里科尔第与普契尼的交往之间产生过一些隔阂，而奥地利雷加尔出版社则为《燕子》的出版向普契尼预支了高额的版税；其二,《燕子》运用的是娱乐性题材而无关宏旨。

歌剧《燕子》剧情十分简单：放荡不羁的巴黎女郎玛格达为年老的银行家所钟爱，随后，玛格达又移情别恋于外省青年罗杰。贫穷夫妻百事哀，玛格达和罗杰的结合未能长久，玛格达又投入银行家的怀抱。典型的歌剧表演环境——玛格达寓所的豪华客厅（第一幕），里维拉河旁的旅游胜地（第三幕）——为创作轻松的舞曲提供了理想的背景。该剧的音乐主题之一——玛格达的咏叹调运用匈牙利舞曲的节奏，其中可以经常听到里夏德·施特劳斯歌剧《玫瑰骑士》对它的影响：

谱例 29

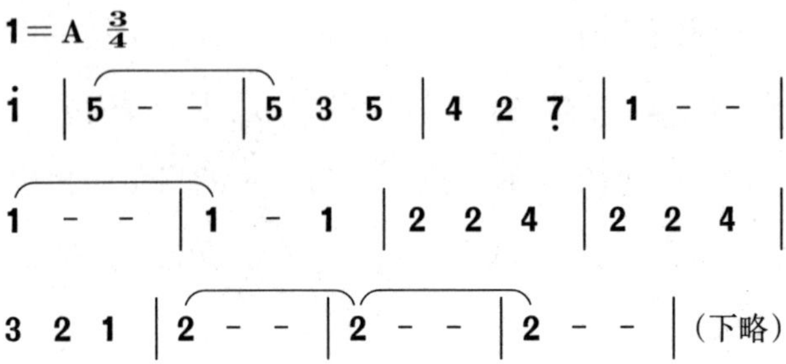

歌剧《燕子》仅仅是普契尼创作过程中的一种探索。像《西部女郎》一样,《燕子》也没有成为世界乐坛上的保留剧目。然而，这部喜歌剧结束了普契尼长达七年的沉默时期，同时又预示了普契尼的另一个创作高潮时期即将到来。

三联剧

普契尼的晚年（1919~1924）正值意大利在第一次世界大战后的变革时期。意大利从战后的和平建设到1922年墨索里尼攫取政权，为时不过数载。法西斯专政给意大利文化艺术的发展带来巨大灾难。

普契尼是在他去世前两年，即1922年，亲见墨索里尼登上高位的。他虽然还不了解法西斯政权将给意大利带来何等厄运，但很快就领教了墨索里尼对文化建设的冷漠态度。普契尼曾受文化艺术界人士委托，请求墨索里尼批准建立一所新歌剧院。墨索里尼以欠缺资金为由予以否决。为此，普契尼终其一生未给法西斯政权写过任何粉饰太平的作品。据说，墨索里尼曾要求普契尼写一部歌颂意大利现实的新民族歌剧，但普契尼未予理会。

战后时期，现代艺术流派盛行于欧洲。普契尼在信守其原有美学原则的同时，也曾注意吸取现代派作曲家的一些和声与配器手法。普契尼在初听斯特拉文斯基的《春之祭》后，曾评之为“疯狂之作”。但在他不久后创作的歌剧《图兰朵》中，人们可以明显地听到他所运用的尖锐和声，这说明他对斯特拉文斯基的经验并非完全拒之于门外。他在维也纳看过里夏德·施特劳斯的歌剧《没有影子的女人》《莎乐美》《埃莱克特拉》和《玫瑰骑士》，其中的某些手法也体现在自己的创作中。

第一次世界大战后，已届花甲之年的普契尼又积极投入创作。他在晚年时期达到了自己的又一个创作高峰。《贾尼·斯基基》《图兰朵》等精品可称为意大利歌剧的经典之作，普契尼以他一贯的进取精神不断探索创作上的新道路。充满幽默和讽刺意味的《贾尼·斯基基》，以及洋溢着奇情幻想的《图兰朵》代替了具有深刻人情味和感伤情调的《艺术家生涯》和《蝴蝶夫人》，这是普契尼创作天赋的又一次充分发挥。普契尼在这段时期里对战后年代涌现的意大利青年作曲家阿尔弗雷多·卡柴拉和弗朗科·阿尔法诺也十分关注。后者曾受普契尼的委托，续写《图兰朵》第三幕第一场中的二重唱和最后一场。

普契尼在寻求新题材方面费尽心思。这位歌剧大师在此以前从来没有运用过意大利文学题材。他历来取材自法国或美国的文学题材，而且多半也不是什么一流名作。与威尔第歌剧取材自莎士比亚、席勒、雨果的名作相比，普契尼剧作的文学水准显然降了一格。而现在，普契尼在创作他的最后几部歌剧时，仿佛像是在纠正以往的做法一样，一心寻求意大利文学题材。《贾尼·斯基基》取材自但丁的《天堂喜剧》,《图兰朵》则取材自卡尔洛·戈齐的童话喜剧。

普契尼在一年半期间完成了他的三联独幕剧。除了他在第一次世界大战前就已策划的独幕剧《外套》外，还添加了独幕抒情悲剧《修女安杰丽卡》和独幕讽刺喜剧《贾尼·斯基基》。后两部歌剧由卓瓦基诺·弗尔查诺编写脚本，此人是一位多面手，当过记者、歌手、出版家和歌剧导演。三联剧规定一个晚上演完。独幕剧《外套》打头，悲剧《修女安杰丽卡》居中，讽刺喜剧收尾。

《外套》描述了发生在塞纳河上的一桩巴黎底层百姓情杀事件。驳船主米歇尔的妻子乔杰塔与情人码头搬运工路易相约，以点燃火柴为信号，晚间幽会。当天晚间，米歇尔因怀疑妻子不忠，双方产生口角。他气闷中走出船舱，点燃火柴抽烟，却被路易误认为是情人发出的信号。路易偷偷登船之际被米歇尔发现。米歇尔逼问出奸情后将路易掐死。乔杰塔闻声赶来探看。米歇尔匆忙将斗篷盖在尸体之上。往日寒冷的夜晚，米歇尔常让妻子披上这件斗篷御寒，这成了米歇尔对妻子表示爱意的象征。不免心虚的乔杰塔此时对丈夫故作亲热之状，米歇尔却让妻子自己去掀开斗篷。

普契尼利用极为简洁的剧情将戏剧性场面和巴黎生活场景结合在一起。音乐描绘了塞纳河朦胧的夜色，象征着倏忽流逝的人生岁月：

谱例 30

（下略）

复杂化的和声手法说明印象派音乐的影响。但歌剧中占主要地位的仍然是表示爱情的典型意大利歌调（路易和乔杰塔的二重唱）：

谱例 31

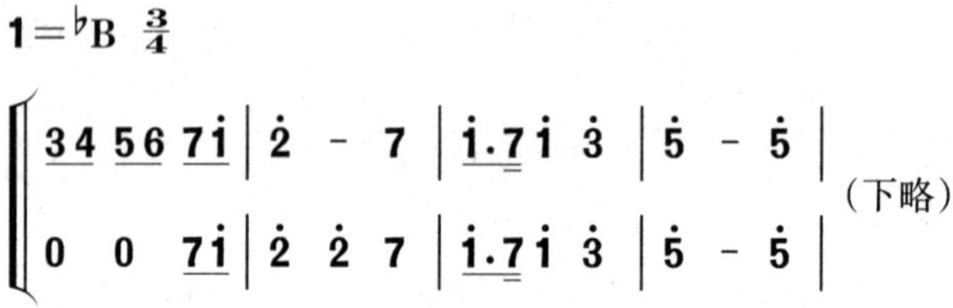

与此相对的是预示悲剧结局的米歇尔的忧郁主题：

谱例 32

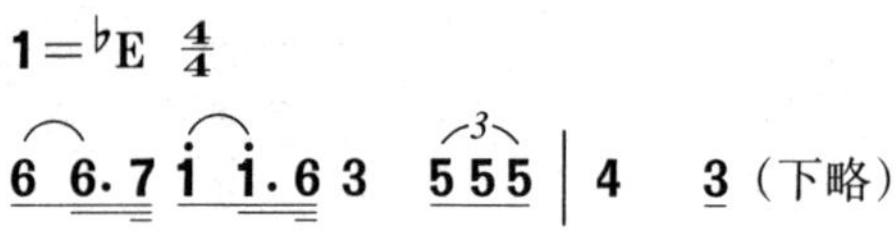

歌剧《修女安杰丽卡》与三联剧的其他两部形成强烈对比。剧情描绘 17 世纪修道院的生活。修女安杰丽卡因有私生子而被迫入修道院。她在修道院中思念自己的孩子，但最终等来的却是孩子的死讯。安杰丽卡在绝望中服毒自杀。临终前的祈祷产生了奇迹：圣母玛利亚带着安杰丽卡的孩子在云端现身了。

幕启时，传来《圣母颂》合唱曲声。弦乐组的一连串和声进行，引导听众进入神秘的宗教氛围：

谱例 33

1＝F $\frac{4}{4}$ $\frac{5}{4}$

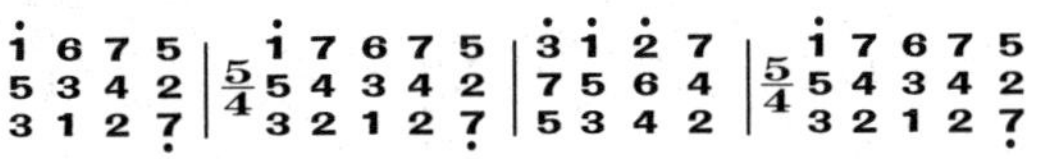

（下略）

安杰丽卡闻知孩子死讯后服毒自杀时所唱的咏叹调异常感人：

谱例 34

1＝C $\frac{3}{4}$

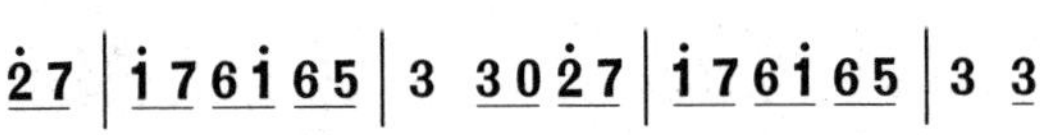

（下略）

歌剧《修女安杰丽卡》中没有一位男角，没有两情相悦的爱情场面，这在普契尼此前的歌剧创作中是绝无仅有的。剧中所有的角色都是女声。朦胧的音响笼罩全剧，这和歌剧《外套》的戏剧效果形成强烈对比。此剧在普契尼的歌剧作品中上演率最低。

三联剧的最后一部——独幕喜歌剧《贾尼·斯基基》堪称普契尼晚期的杰作。自从威尔第的《法尔斯塔夫》以后，意大利喜歌剧的上佳作品已经稀见。作曲家在《贾尼·斯基基》这部出色的讽刺剧中成功地继承了意大利喜歌剧的传统。普契尼十分重视喜剧题材，他年轻时，在创作《曼侬·莱斯戈》之前，就曾打算写一部喜歌剧。在他成熟时期的作品中经常穿插有喜剧性人物（如《艺术家生涯》中的房东，《蝴蝶夫人》中的庞佐等）。现在，在喜歌剧《燕子》中一显身手后，普契尼终于有机会着手写一部真正的讽刺喜剧《贾尼·斯基基》。歌剧取材自但丁的《天堂喜剧》，叙述的是骗子贾尼·斯基基冒充死去的富翁而代立假遗嘱的故事。13 世纪末，佛罗伦萨的富翁博佐·多纳蒂临终前立下遗嘱，将自己所有的遗产全部捐赠教会。大失所望的众亲友求教于骗子贾尼·斯基基律师。而贾尼·斯基基本人也正觊觎着这笔产业。他的女儿劳蕾塔正在和死者的侄儿里努奇奥谈恋爱。由于博佐·多纳蒂的死讯尚未外传，贾尼·斯基基说服众亲友，同意由他假扮死者另立一份遗嘱。结果是：假扮死者的骗子当着公证人和众亲友的面口授一份遗嘱，将全部财产交给贾尼·斯基基，也就是他自己。众亲友虽然发觉受骗，但也无计可施，因为另立假遗嘱的骗局一旦败露，众亲友也逃脱不了其中干系。贾尼·斯基基赶走了众人后，为女儿和里努奇奥的婚事祝福。

众亲友一心只盼博佐·多纳蒂早死而假作悲伤之状，一旦发觉遗产全归教会后又不禁气急败坏。他们的丑态在歌剧的音乐中得到淋漓尽致的刻画，其中大胆地运用了多调性的处理手法：

谱例 35

（下略）

歌剧中劳蕾塔面对父亲所唱的咏叹调是普契尼歌剧中颇为有名的一首：

谱例 36

1＝♭A $\frac{6}{8}$

1 1 1 3 1 | 6̣. 5̣. | 1 2 3 1 i̇ | 5. 5 （下略）

歌剧的结尾别开生面，贾尼·斯基基向女儿和里努奇奥祝福后，又转身面向观众说明：他是为了女儿的幸福才巧施骗术的，希望能免遭谴责。

三联剧原定于1918年末在罗马上演，但因部分演员仍然未从部队复员归来而延期。首演地点最终决定在纽约大都会歌剧院。1918年12月14日纽约首演之日，普契尼因年事已高，未能远渡重洋亲自出席。他为生平第一次未能目睹自己新作品的首演而深感遗憾。1919年1月19日，三联剧在罗马柯斯塔齐剧院演出。普契尼歌剧新作在本国的首次演出成为一时的盛事，随后，三联剧很快就在欧洲各地上演，其中《贾尼·斯基基》特别受欢迎。著名意大利男中音歌唱家蒂托·戈比成为剧中主角贾尼·斯基基无比卓越的演唱者。然而，三联剧在各地全套上演的机会不多。演出最多的是《贾尼·斯基基》，其次是《外套》，《修女安杰丽卡》则受到冷遇。普契尼对此甚为不满，他对《修女安杰丽卡》评价甚高，几乎将它认为是三联剧中最出色的一部。

天鹅之歌《图兰朵》

三联剧的成功并未能使普契尼摆脱愁绪，喉部的重症加深了他的痛苦。他预见到自己来日无多，希望在辞世之前能再写一部歌剧杰作。彼此关系已经改善的季托·里科尔第对此鼎力相助。普契尼最后的佳作《图兰朵》便是在这种气氛下诞生的。

普契尼在柏林的一家剧院中观看意大利剧作家柯齐所作的《图兰朵》演出后，产生了将它改编成歌剧的想法。他为此与阿达米和西蒙尼商量脚本改编事宜。普契尼迫不及待地要求脚本作者加快改编速度。

这位不朽的意大利歌剧作曲家此时的作为，令人感到他是在打算改变他数十年来奉行的美学原则。他历来重视在自己的作品中反映普通人的现实生活，此番却转而选择幻想性题材。选择的剧中人物是东方的公主、国王和群臣，要表现的是古代中国的异邦风情。

20 世纪初叶，欧洲乐坛对传奇幻想性题材甚感兴趣。布佐尼等作曲家便曾将柯齐的剧作《图兰朵》改编成歌剧。普罗科菲耶夫的童话歌剧《三桔爱》也曾轰动一时。

柯齐的传奇题材给普契尼提供了异国风光的背景，但作曲家刻画剧中人物真挚感情的创作主旨始终保持不变。普契尼给脚本作者明确规定了任务:“要为我寻求令所有的人都为之泪下的某种东西！”他在另一封信中又说道:“如果你们能从这部童话中给我创造出另一个图兰朵——幻想的、诗意的、充满人情味的图兰朵，我就能为之谱曲。”

普契尼生平第一次在自己的歌剧中用上一位反面人物形象的女主角——美丽而又凶残的中国公主图兰朵。要想当上图兰朵丈夫的人必须猜中她所出的三道谜题，但如果猜不中，就将被处死。虽然许多年轻人已经为此而丧生，后继者却络绎不绝。其中就有鞑靼王子卡拉弗。卡拉弗正随着他的父亲——已被废黜的鞑靼王帖木尔到处流浪，身边还有忠心耿耿并暗中热恋着王子的女奴柳儿。卡拉弗亲眼看到英俊的波斯王子因未猜中谜题而惨死刀下，他却为图兰朵的美色所迷，不顾父亲和柳儿的劝阻，决定应征猜谜。卡拉弗顺利猜中了三个谜题，但图兰朵却企图毁约，不愿下嫁卡拉弗。卡拉弗作出了让步，声明如果公主能在第二天黎明前猜出他的真实姓名，非但可以毁约，而且可以将他处死。为了探知这位外来客的姓名，公主下令逮捕与卡拉弗同行的帖木尔和柳儿。柳儿为救帖木尔及她心爱的王子，声明只有她一人知道这年轻人的姓名，但她宁死也不会吐露真相。说毕她夺过侍卫手中的短刀自杀身亡。临终前柳儿诉说了自己对心上人的爱意。柳儿为爱情牺牲自己的行动令图兰朵震撼异常。图兰朵建议外来客远走高飞，卡拉弗却抢步上前，热情拥抱了公主。图兰朵冷酷的心终于被爱情融化，她当众宣布，外来客的姓名已经被她探知，这就是“爱情”。

歌剧《图兰朵》曲调优美，和声手法清新，配器出色，是普契尼歌剧中的上乘之作。剧中人物形象的刻画极具表现力，甚至剧中次要人物的处理也有过人之处。柳儿在第一幕中阻止卡拉弗应征猜谜时，以及她在第三幕第一场中与卡拉弗诀别时唱出的著名咏叹调，可以说是普契尼笔下继咪咪和巧巧桑之后的最佳女性形象刻画：

谱例 37

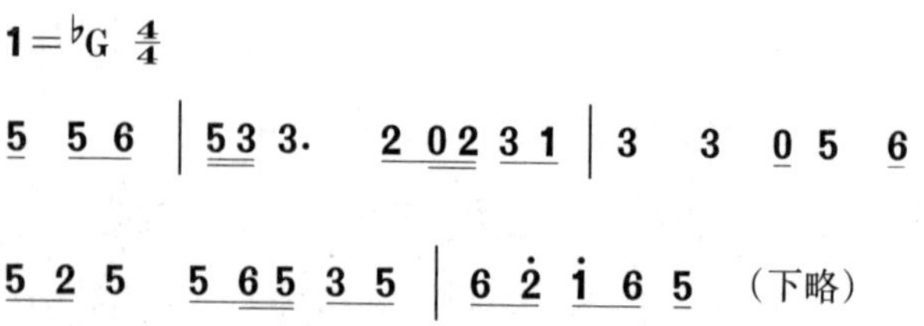

谱例 38

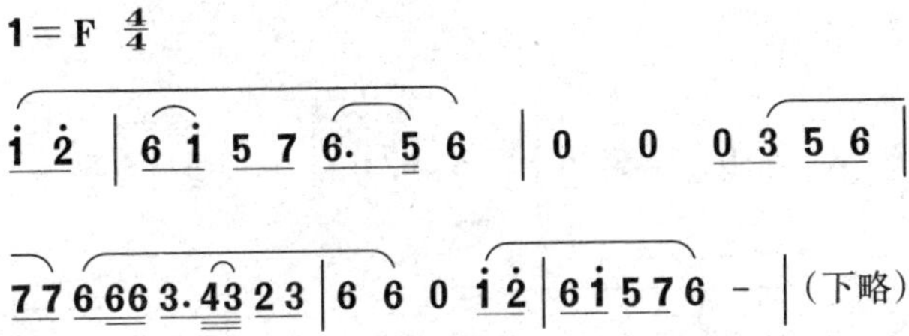

图兰朵声部的形象显示出人物的自私和冷酷。她在第二幕第二场中的咏叹调表述了她痛恨鞑靼人的缘由：

谱例 39

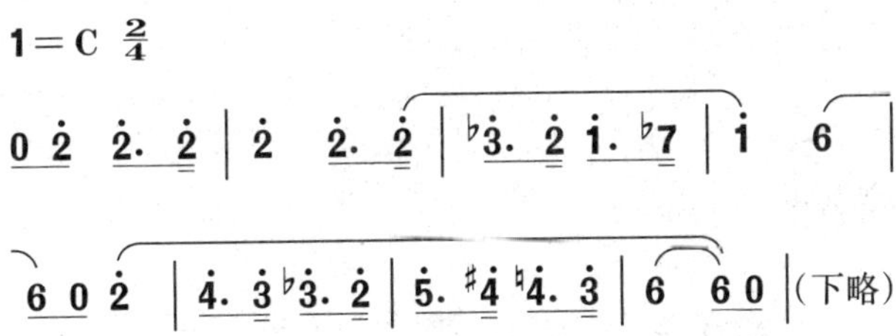

卡拉弗的著名咏叹调《今夜无人入睡》表达了他对公主的思念和对赢得爱情的坚强信心：

谱例 40

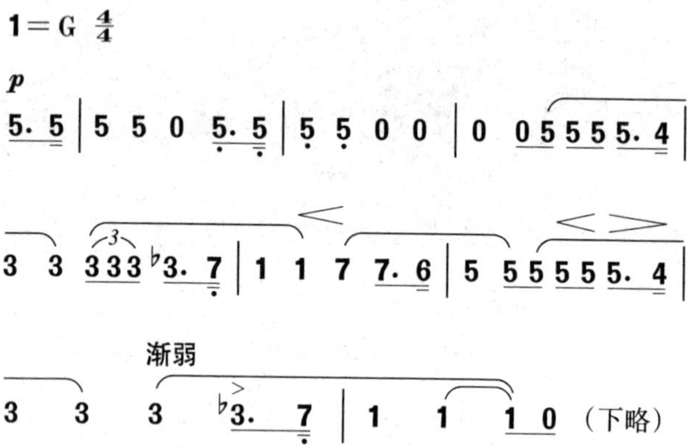

普契尼为营造行刑场面的气氛而充分运用富有戏剧表现力的和声，其突出效果令人想起了斯特拉文斯基的《春之祭》中的手法。

谱例 41

（下略）

普契尼在创作《图兰朵》时得到托斯卡尼尼的多方支持。一度产生过误会的二位老友和好如初。托斯卡尼尼于1923年曾指挥《曼侬·莱斯戈》首演30周年的纪念演出。

普契尼未能全部完成《图兰朵》的创作工作。他的喉部疾病已被明确诊断为癌症，但歌剧《图兰朵》最后一幕的脚本尚未到手。他在致阿达米信中埋怨说:“没有脚本,我怎么创作音乐!”

1924年秋,除卡拉弗与图兰朵最后的二重唱以及第三幕最后一场外,歌剧《图兰朵》基本完成。11月4日,普契尼在儿子的陪同下,赴布鲁塞尔进行癌症的放射性治疗。他随身携带着《图兰朵》未完成谱稿。他的病状一度有所好转,甚至还能亲赴当地剧院观看《蝴蝶夫人》的演出。但在11月29日接受手术中,一代杰出大师因心脏病猝发,与世长辞。

歌剧《图兰朵》最后的篇章由阿尔法诺续完。1926年4月25日,《图兰朵》由托斯卡尼尼指挥,在米兰斯卡拉歌剧院初次演出。在歌剧手稿中断之处——柳儿牺牲的场面,托斯卡尼尼放下手中的指挥棒,转身面向观众说道:“就在歌剧的此处,贾科莫·普契尼被迫中断了他的工作。死神这回显得比艺术还要强。”托斯卡尼尼说完这番话后,歌手、乐队和观众在一片哀伤的气氛中纷纷退场。阿尔法诺补写的结尾在第二场演出时方才与观众见面。

三、作品目录[①]

① 引自《牛津音乐词典》（第六版）“普契尼”条目，人民音乐出版社 2023 年版，第 1054—1055 页。

歌剧:《群妖围舞》(*Le Villi*)(最初的独幕剧版本，1883；二幕剧版本，1884);《埃德加》(*Edgar*)(四幕剧版本，1884～1888；三幕剧版本，1892，1901、1905年修订);《曼侬·莱斯戈》(*Manon Lescaut*，1890～1892);《艺术家的生涯》(*La Bohème*，1894～1895);《托斯卡》(*Tosca*，1898～1899);《蝴蝶夫人》(*Madama Butterfly*)(二幕剧版本，1901～1903；三幕剧版本，1904；1906年进一步删减和修订);《西部女郎》(*La Fanciulla del West*，1908～1910);《燕子》(*La Rondine*，1914～1916，1918～1919年修订);《三联剧》[*Il Trittico*，1913～1918，包括《外套》(*Il Tabarro*)、《修女安杰丽卡》(*Suor Angelica*)、《贾尼·斯基基》(*Gianni Schicchi*)];《图兰朵》(*Turandot*，1920～1926，最后一场由阿尔法诺完成)。

合唱:《荣耀弥撒》(*Messa di Gloria*，A大调，女高音、男高音、男中音、合唱与管弦乐队，1880)。

管弦乐:《交响前奏曲》(*Preludio sinfonico*，1876);《交响随想曲》(*Capriccio sinfonico*，1883)。

室内乐：弦乐四重奏《菊花》（*Crisantemi*,1890）；弦乐四重奏《小步舞曲3首》（*3 Minuets*，1892，Nos.1 和 Nos.3 修订于 1898 年）。

PUQINI

图书在版编目(CIP)数据

普契尼 / 高士彦编著. -- 北京 : 人民音乐出版社, 2023.5 (2024.5重印)
(外国音乐欣赏丛书)
ISBN 978-7-103-06499-3

Ⅰ. ①普… Ⅱ. ①高… Ⅲ. ①普契尼(Puccini, Giacomo 1858-1924)—生平事迹②普契尼(Puccini, Giacomo 1858-1924)—音乐评论
Ⅳ. ①K835.465.76 ②J605.546

中国国家版本馆CIP数据核字(2023)第055872号

责任编辑：邹 璐 吴洁丽
责任校对：杜 岩
封面设计：王 华

人民音乐出版社出版发行
(北京市东城区朝阳门内大街甲55号 邮政编码：100010)
Http://www.rymusic.com.cn
E-mail:rmyy@rymusic.com.cn
新华书店北京发行所经销
北京隆昌伟业印刷有限公司印刷
880×1230毫米 32开 2.75印张
2023年5月北京第1版 2024年5月北京第2次印刷
印数：3,001—3,500册 定价：21.00元

读者服务部联系电话：(010) 58110591
如有缺页、倒装等质量问题，请与出版部联系调换。电话：(010) 58110533